W0108976

NICOLE ESTHER LIWON

Kreuzstich
Kleine Motive nach alten Vorlagen

NICOLE ESTHER LIWON

Kreuzstich Kleine Motive nach alten Vorlagen

Grußkarten und Geschenke
Farbige Zählvorlagen

AUGUSTUS VERLAG

Inhalt

4

Vorwort

In diesem Buch sollen Stickarbeiten vor allem aus dem 19. Jahrhundert zu neuen Ehren kommen.

Bei einem sonntäglichen Ausflug habe ich im Heimatmuseum im Schloß von Friedberg bei Augsburg drei sehr schöne und gut erhaltene Stickmustertücher entdeckt, die natürlich sofort mein Interesse als Stickerin weckten. Daraufhin habe ich mich auch noch in anderen Museen umgesehen und bin zum Beispiel auch im Kunsthandwerk-Museum in Frankfurt fündig geworden.

Aus der Fülle von Motiven habe ich nun einige reizvolle Einzelmotive zusammengetragen, die sich zur Verzierung von Kleidung, Wäsche, Karten und kleinen Geschenken eignen. Selbstverständlich können Sie auch ein ganz persönliches Mustertuch aus Ihren Lieblingsmotiven zusammensetzen.

Die meisten Einzelbildchen und Borten sind ganz schnell gestickt. So lassen sich zum Beispiel an einem einzigen Abend gleich mehrere Geschenkanhänger oder Karten fertigstellen. Wer nach all den Kleinigkeiten Lust auf ein größeres Projekt bekommen hat, kann sich an dem prachtvollen Bouquet auf Seite 34 versuchen – eigentlich schon kein kleines Motiv mehr, aber so schön, daß sich die Arbeit auf jeden Fall lohnt.

Mein Dank gilt der Leiterin des Heimatmuseums Friedberg, Dr. Adelheid Riolini-Unger,

ihren Mitarbeiterinnen und Mitarbeitern sowie Dieter und Ingrid für ihre Unterstützung.

Viel Freude beim Blättern und Nacharbeiten

Nicole Esther Lion

Material und Technik

Der Stickgrund

Für die meisten Stickarbeiten habe ich sogenannten Zählstoff verwendet, den man im Fachhandel in verschiedenen Qualitäten, Breiten und Farben erhält (z.B. von *Zweigart & Sawitzki: Edinburgh* 14 Fäden/cm, *Belfast* 12 Fäden/cm, *Lugano* 10 Fäden/cm). Für die meisten Arbeiten eignet sich aber auch gleichmäßig gewebtes Leinen. Anfänger tun sich mit Aida-Geweben am leichtesten, bei denen die Ein- und Ausstichstellen deutlich zu erkennen sind.

Je nach Webdichte des Stoffes wird das Motiv größer oder kleiner. Achten Sie beim Kauf auf die Angabe „Stichzahl pro Zentimeter". Bänder mit dekorativen, oft kontrastfarbigen Webkanten bekommt man bereits fertig in verschiedenen Breiten und Farben. Genaue Angaben über Stoffe und ihre Dichte sind schwierig, denn die Vorschläge in diesem Buch sollen lediglich als Anregung dienen. Die gleichen Motive können jederzeit auf gröberem oder feinerem Stoff nachgearbeitet werden,

verändern dann allerdings ihre Größe. Am besten probieren Sie auf dem Gewebe Ihrer Wahl einige Stiche aus, zählen die Stiche Ihres Motivs in Höhe und Breite und errechnen so, wie groß die Stickerei ausfallen wird. Vom gewählten Stickgrund hängt auch ab, mit welcher Nadelstärke und mit wievielen Fäden in der Nadel Sie sticken müssen. Auch dafür empfehlen sich einige Probestiche.

Für das Sticken auf bereits fertigen Kleidungsstücken, auf Wäsche, Taschentüchern oder anderen nicht zählbaren Geweben benötigen Sie Stramin, der ebenfalls in verschiedenen Webdichten für unterschiedliche Stichgrößen angeboten wird. Je nach Beschaffenheit des Stoffs heften Sie den Stramin mit großen Stichen auf das Arbeitsstück oder halten ihn einfach während der ersten Stiche fest.

Wenn die Stickerei fertig ist, wird das Stramingewebe angefeuchtet und Faden für Faden mit einer Pinzette vorsichtig herausgezogen.

Garn

Für die meisten Arbeiten in diesem Buch habe ich Garne von *Coats Mez (Anchor Nordin)* ① und von *Dansk Blomstergarn* verwendet. Beide Garne bestehen zu 100 Prozent aus Baumwolle, sind waschecht und passen farblich besonders gut zu den klassischen Motiven. Die Farbnummern bei den einzelnen Projekten beziehen sich auf diese Garne:
DB = Dansk Blomstergarn;
AN = Anchor Nordin.

Selbstverständlich eignet sich auch Sticktwist (z.B. *Anchor Sticktwist* von *Coats Mez* ②) für die Stickereien. Allerdings sollten Sie dann möglichst sanfte Farben miteinander kombinieren, die dem leicht verblichenen Charakter der alten Stickereien nahekommen. Bisweilen findet man aber auch Garne aus handbemalter oder in kleinen Partien gefärbter Seide ③. Diese Kostbarkeiten sollten Sie für ganz besondere Modelle verwenden.

Nadeln

Es gibt zwei Sorten von Sticknadeln: mit oder ohne Spitze. Welche man verwendet, hängt von dem Stoff ab, den man besticken will. Deshalb sind bei den einzelnen Modellen keine Nadelstärken angegeben. Entscheidend sind Struktur und Dichte des von Ihnen ausgewählten Gewebes. Erfahrene Stickerinnen haben immer einige Nadeln zur Auswahl vorrätig.

Stumpfe Nadeln

wählt man für die Stickerei auf zählbarem Gewebe und auf fertigen Bändern aus Zählstoff. Sie haben den Vorteil, die Gewebefäden nicht zu spalten.

Spitze Nadeln

eignen sich für Stickereien auf feinem Zählstoff und über Stramin auf nicht zählbarem Gewebe oder fertiger Kleidung.

Sie brauchen außerdem:

- eine spitze, feine und scharfe Schere, z.B. eine Stickschere; aber eine Nagelschere erfüllt denselben Zweck;
- eine Pinzette mit geradem Abschluß zum Lösen der Straminfäden.

Auf einen Stickrahmen kann man bei Kreuzsticharbeiten meines Erachtens fast immer verzichten. Mich hat der Stickrahmen immer bei der Arbeit gestört, außerdem verzieht der Rahmen das Gewebe oft so sehr, daß auch mehrmaligen Waschen und Dampfbügeln diese Unregelmäßigkeiten nicht mehr korrigieren können.

Viele der in diesem Buch gezeigten Stickereien können Sie in Rahmen, Dosendeckel oder Passepartouts einfassen, die es speziell für diesen Zweck zu kaufen gibt *(Framecraft)*.

Das Sticken

Die für die vorgestellten Modelle verwendeten Stiche Kreuzstich und Rückstich sind ganz leicht zu erlernen. Schon Kinder können deshalb nach kurzer Zeit Glückwunschkarten, Geschenkanhänger oder Taschentücher mit Stickereien verzieren.

Der Kreuzstich

Beim Kreuzstich kommt es weniger auf Geschicklichkeit als vielmehr auf Geduld und Genauigkeit beim Auszählen der Gewebefäden und der Mustervorlage an.

Jeder Kreuzstich besteht eigentlich aus zwei Stichen: dem Grund- und dem Deckstich, deren Eckpunkte ein Quadrat beschreiben. Im allgemeinen weist der Grundstich von links unten nach rechts oben, der Deckstich von recht unten nach links oben.

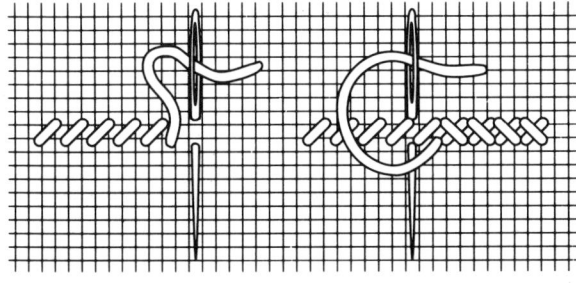

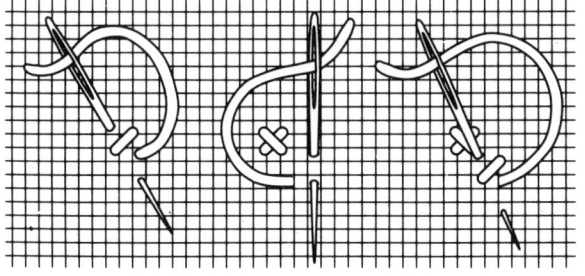

Stechen Sie links unten aus dem Gewebe heraus und rechts oben wieder hinein (Grundstich). Wenn Sie eine gerade Reihe sticken, so stechen Sie direkt unter dem rechten oberen Einstich wieder heraus und wiederholen den Vorgang. Am Ende der Reihe angekommen, stechen Sie zwar wieder direkt unter dem letzen Einstich wieder heraus, nun aber links oben wieder hinein (Deckstich) und stellen die Reihe von rechts nach links stickend fertig. In diagonalen Reihen wird jeder Stich einzeln vollendet.

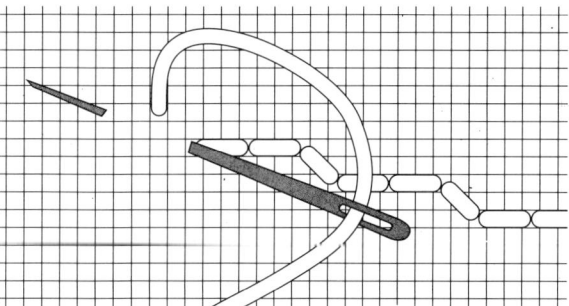

Der Rückstich

Der zweite Stich, den wir für die gezeigten Motive benötigen, heißt Rück- oder Steppstich und ist im Stickbild nur als einfache Linie zu erkennen. Er eignet sich besonders gut für Konturen.

Der Name erklärt den Stickvorgang. Der sichtbare Teil des Stiches wird entgegen der eigentlichen Stickrichtung gearbeitet. Um die Länge eines Stiches sticht man vor dem eigentlichen Stickanfang aus dem Stoff heraus und stickt zum Anfang zurück. Dann zieht man den Faden wieder um eine Stichlänge vor dem letzten Stich unter dem Stich weiter, sticht aus dem Stoff heraus und wieder zurück.

Galerie
der Modelle

Hübsch im Rahmen

Besonders gelungene Stickereien wirken als Bild gerahmt sehr edel. Die Firma *Framecraft* bietet dazu Rahmensets an, die alle nach dem gleichen Prinzip montiert werden:

In den leeren Rahmen legen Sie zunächst die durchsichtige Kunststoffscheibe, die Ihre Stickerei vor Verschmutzung schützt. Darauf kommt, natürlich mit der Schauseite zur Kunststoffscheibe hin, die Stickerei, hinterlegt mit hellem oder dunklem, dünnem Karton, der die Farbe des Stoffs gut zur Geltung bringt. Dünner Schaumstoff hinter dem Karton verleiht dem fertig gerahmten Bild plastische Wirkung. Danach wird starker Karton in den Rahmen eingepaßt. Alle Teile fixiert man mit der beigepackten Metallscheibe. Den Abschluß bildet Karton, der auf einer Seite – der späteren Rückseite des Bildes – farbig beflockt ist.

Selbstverständlich läßt sich die durchsichtige Kunststoffscheibe auch durch eine echte Glasscheibe ersetzen. Die aber drückt die Stickerei flach, der erwünschte plastische Effekt kommt nicht zustande.

Nach dem gleichen Prinzip werden auch Schmuckdose, Pillendose und Kosmetikspiegel zusammengesetzt.

12

Stickbild „Lilie"

Garnnummern

🟨	DB 31	AN 288
🟧	DB 58	AN 324
🟥	DB 503	AN 970
🟪	DB 88	AN 77
🟩	DB 231	AN 875
🟩	DB 224	AN 206

Drei Stickbilder

Lilie, Schmetterling und Blumenbouquet sind drei Motive, die nicht nur romantische Gemüter ansprechen. Wer sich die Arbeit macht, gleich alle drei Bilder zu sticken, kann eine gemütliche Ecke in der Wohnung damit dekorieren. Einzeln eignen sich die Stickereien aber auch als sehr persönliche Geschenke.

Material
Rahmenset nach Wahl
gleichmäßig gewebtes Leinen
Sticknadel mit Spitze (Stärke je nach Stoffdichte)
Garn nach Angabe

Arbeitszeit
Pro Bild 3–5 Stunden

13

Stickbild
„Schmetterling"

Garnnummern

🟨	DB 31	AN 288
🟧	DB 503	AN 970
🟩	DB 509	AN 188
🟫	DB 213	AN 375
⬛	DB 216	AN 360

Stickbild „Bouquet"

Garnnummern

	DB		AN	
🟨	DB	48	AN	298
🟧	DB	93	AN	9
🟥	DB	95	AN	339
🟦	DB	304	AN	145
🟦	DB	202	AN	123
🟩	DB	224	AN	208
🟩	DB	210	AN	218
⬛	DB	29	AN	897

15

Schmuckdose
mit Blütenkranz

Der Blütenkranz ziert hier eine Schmuckdose,
kann aber natürlich auch in einem Bilderrah-
men verschenkt werden. In den Kranz passen
zum Beispiel die Initialen des Beschenkten.

Material
Schmuckdose mit Montagedeckel
Leinen, weiß, mit zählbarer Struktur
Sticknadel mit Spitze (Stärke je nach Stoffdichte)
Garn nach Angabe

Arbeitszeit
Ca. 3 Stunden

16

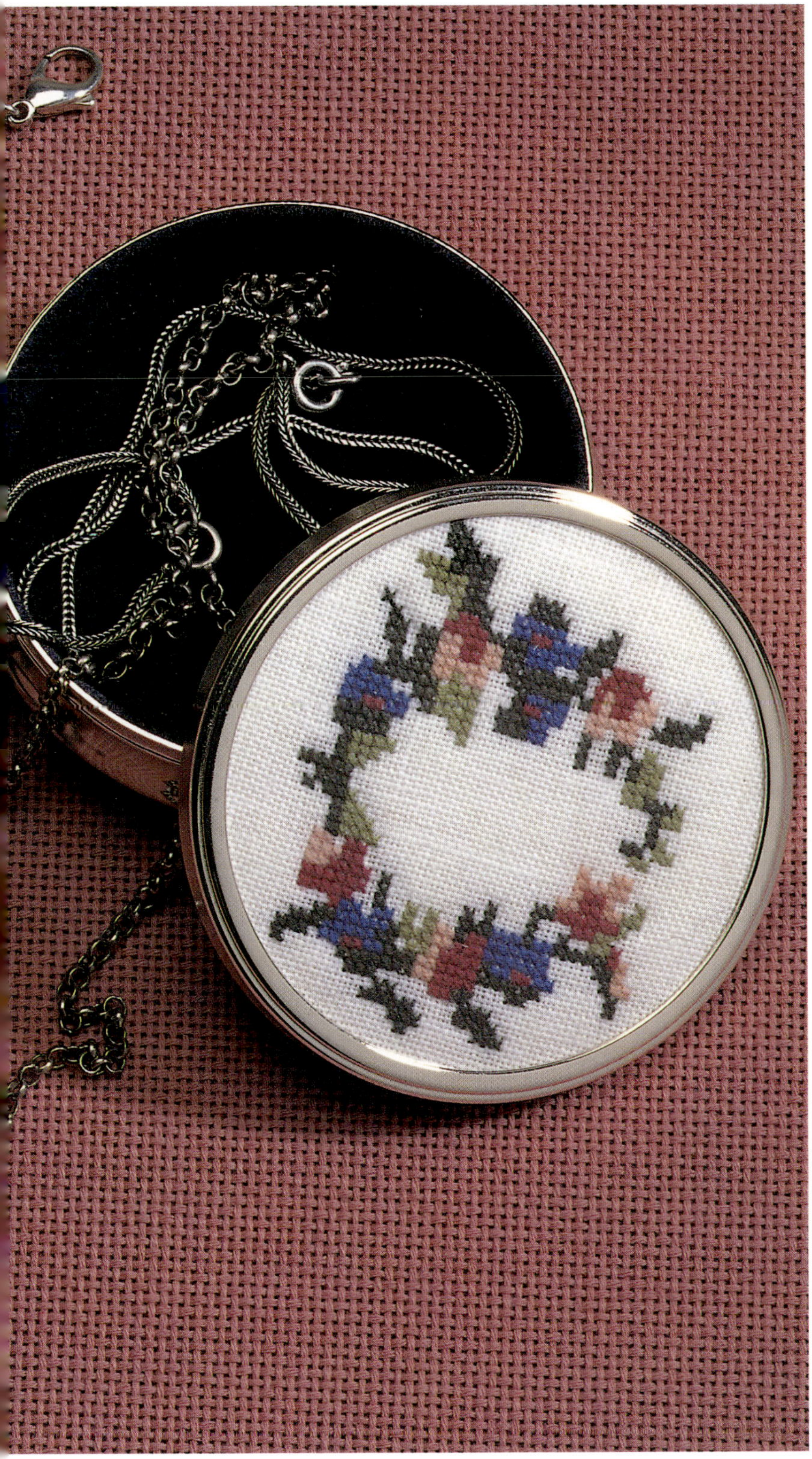

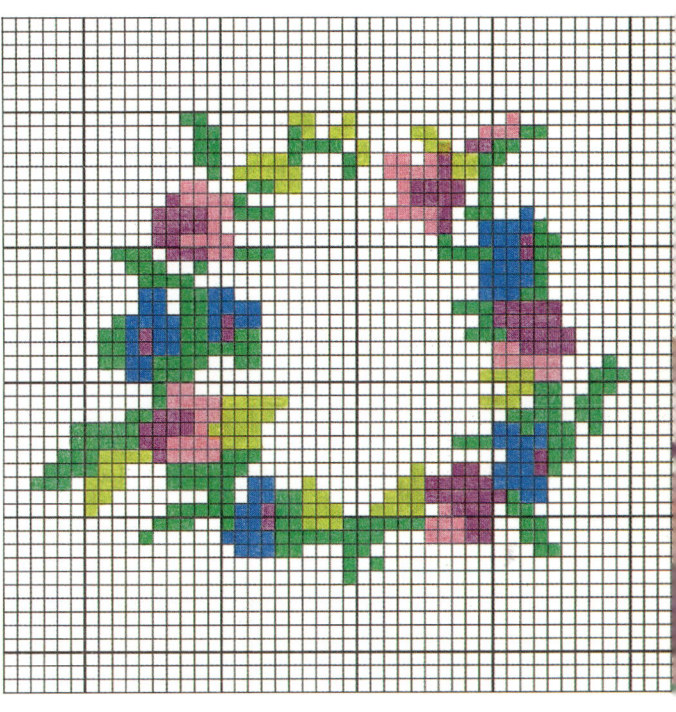

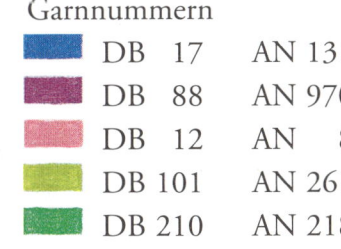

Garnnummern

🟦	DB 17	AN 131
🟪	DB 88	AN 970
🟥	DB 12	AN 8
🟩	DB 101	AN 261
🟩	DB 210	AN 218

17

Pillendose
mit Vasenmotiv

Die winzige Vase wirkt auf der silberfarbenen Pillendose herrlich nostalgisch und ist ganz schnell zu sticken.

Material
Pillendose mit Montagedeckel
Leinen, weiß, mit zählbarer Struktur
Sticknadel mit Spitze (Stärke je nach Stoffdichte)
Garn nach Angabe

Arbeitszeit
Ca. 1 Stunde

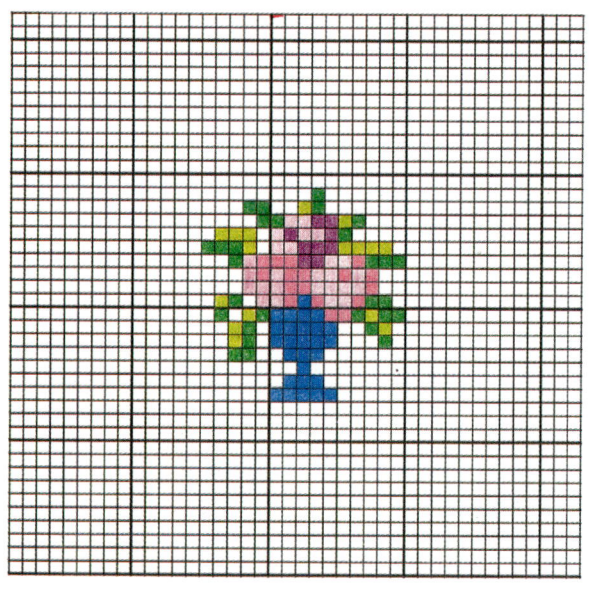

Garnnummern

🟩	DB 101	AN 261
🟢	DB 211	AN 922
🟪	DB 232	AN 95
🔴	DB 37	AN 88
🟣	DB 23	AN 119
🔵	DB 227	AN 978

18

Taschenspiegel mit Rosenblüte

Ein reizendes Geschenk für Damen jeden Alters ist der Taschenspiegel, dessen Rückseite eine üppige Rosenblüte ziert. Den Reiz des Motivs machen die feinen Schattierungen der verschiedenen Rottöne aus.

Material

Taschenspiegel mit Montagerahmen
Leinen, weiß, mit zählbarer Struktur
Sticknadel mit Spitze (Stärke je nach Stoffdichte)
Garn nach Angabe

Arbeitszeit

Ca. 4-5 Stunden

Garnnummern

	DB 48	AN 298
	DB 93	AN 9
	DB 503	AN 970
	DB 29	AN 897
	DB 224	AN 208
	DB 210	AN 218

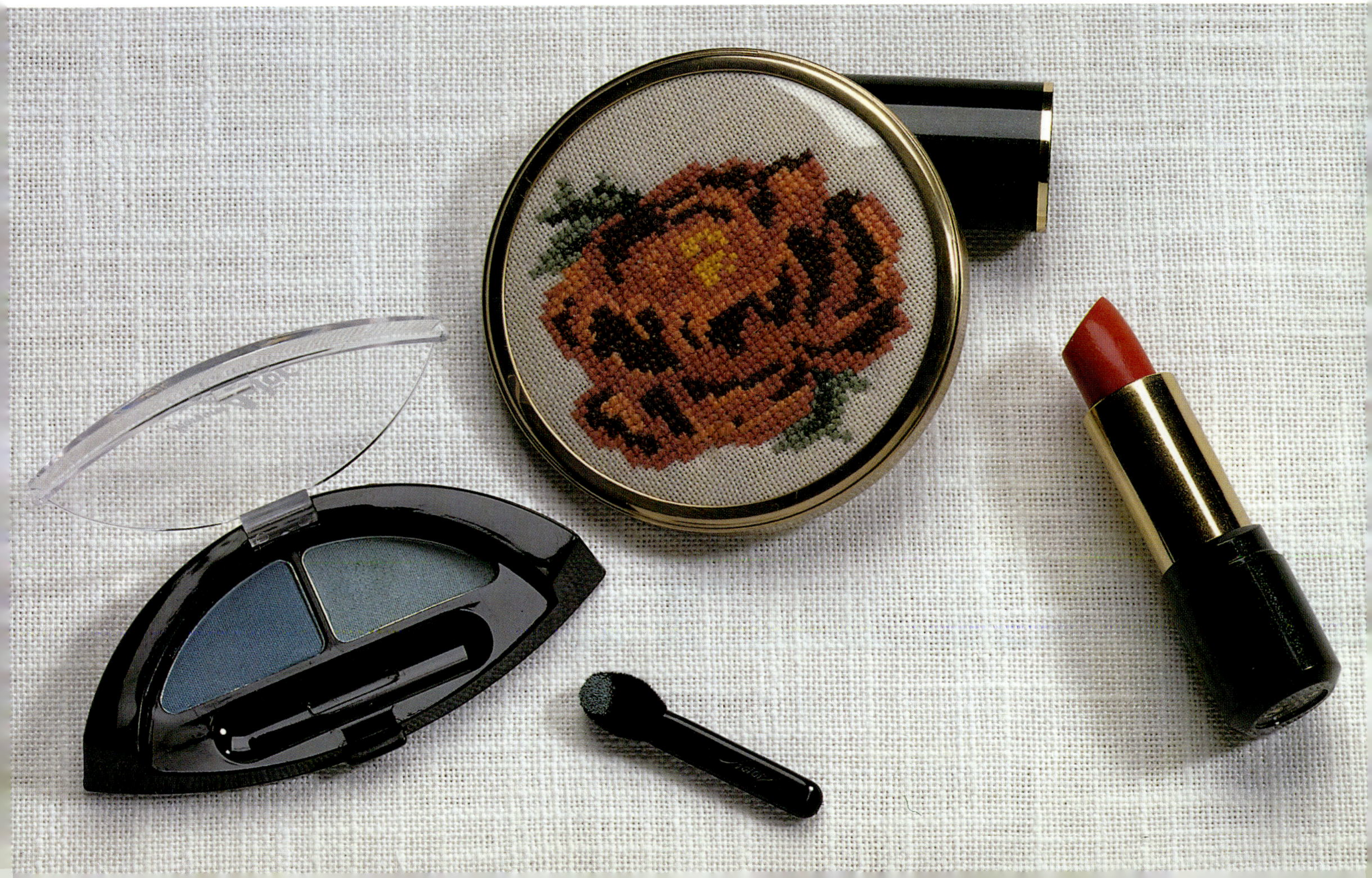

Kartengrüße – ganz persönlich

Eine Karte mit handgesticktem Motiv ist ein besonders individueller Gruß, der dem Empfänger sicher lange Zeit Freude bereitet.

Für Grußkarten und Geschenkanhänger gibt es fertig geschnittene Passepartout-Karten mit Umschlägen zu kaufen (Papeterien, Hobbyfachhandel). Beim Sticken sollte man Knoten und Verdickungen auf der Rückseite der Arbeit zu vermeiden, denn die würden sie später unschön abzeichnen. Die vernähten Stickfäden werden dicht am Motiv abgeschnitten.

Das fertige Stickbild wird mit einer Zugabe von etwa einem Zentimeter auf die Größe des Passepartouts zugeschnitten. Auf der Rückseite der Karte tragen Sie rund um den Ausschnittrand herum sparsam Alleskleber auf, legen das Stickbild so auf, daß die Schauseite

im Passepartout erscheint und richten das Motiv aus, solange der Klebstoff noch feucht ist. Ziehen Sie das Bild im Ausschnitt in Form, und kleben Sie die Deckkarte auf die Rückseite der Stickerei. Alleskleberreste auf der Karte entfernen Sie vorsichtig mit dem Radiergummi.

Es gibt auch selbstklebende Passepartoutkarten. Sie haben den Vorteil, daß keine Klebstofftropfen die Stickerei verderben können. Allerdings läßt sich der Sitz des Stoffs im Passepartout nicht so gut korrigieren.

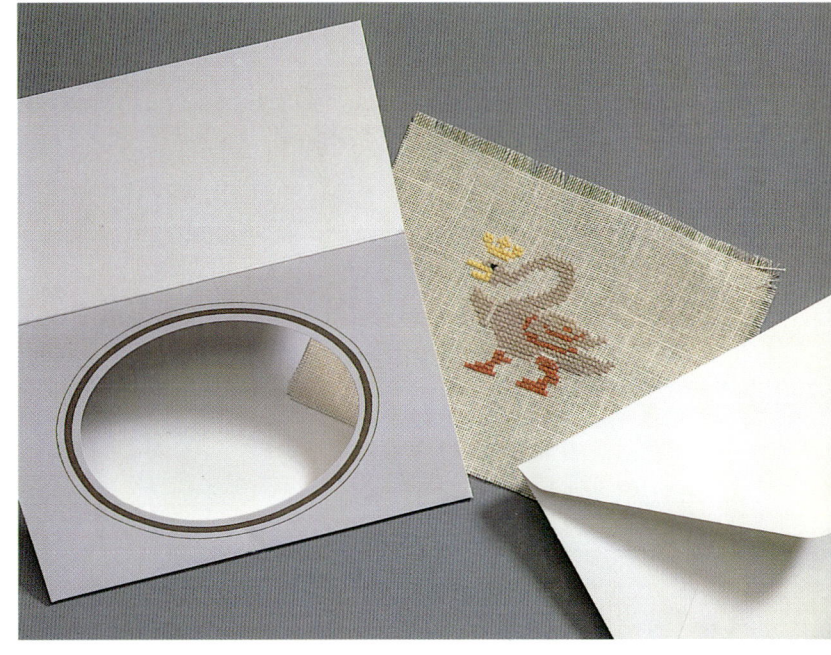

Garnnummern

![]	DB 7	AN 390
![]	DB 14	AN 341
![]	DB 31	AN 288
![]	DB 240	AN 403

Grußkarten

Hirsch und Falke, Wappenadler, Pfau und Schwan haben als Stickmotive bereits eine lange Tradition. Weil sie nicht sehr groß sind, eignen sie sich gerade für Karten gut. (Fotos siehe Seite 20.)

Material
Passepartoutkarten
Zählstoff nach Wahl
Sticknadel (Stärke je nach Stoffdichte)
Garn nach Angabe

Arbeitszeit
Je nach Motiv 1/2 bis 2 Stunden

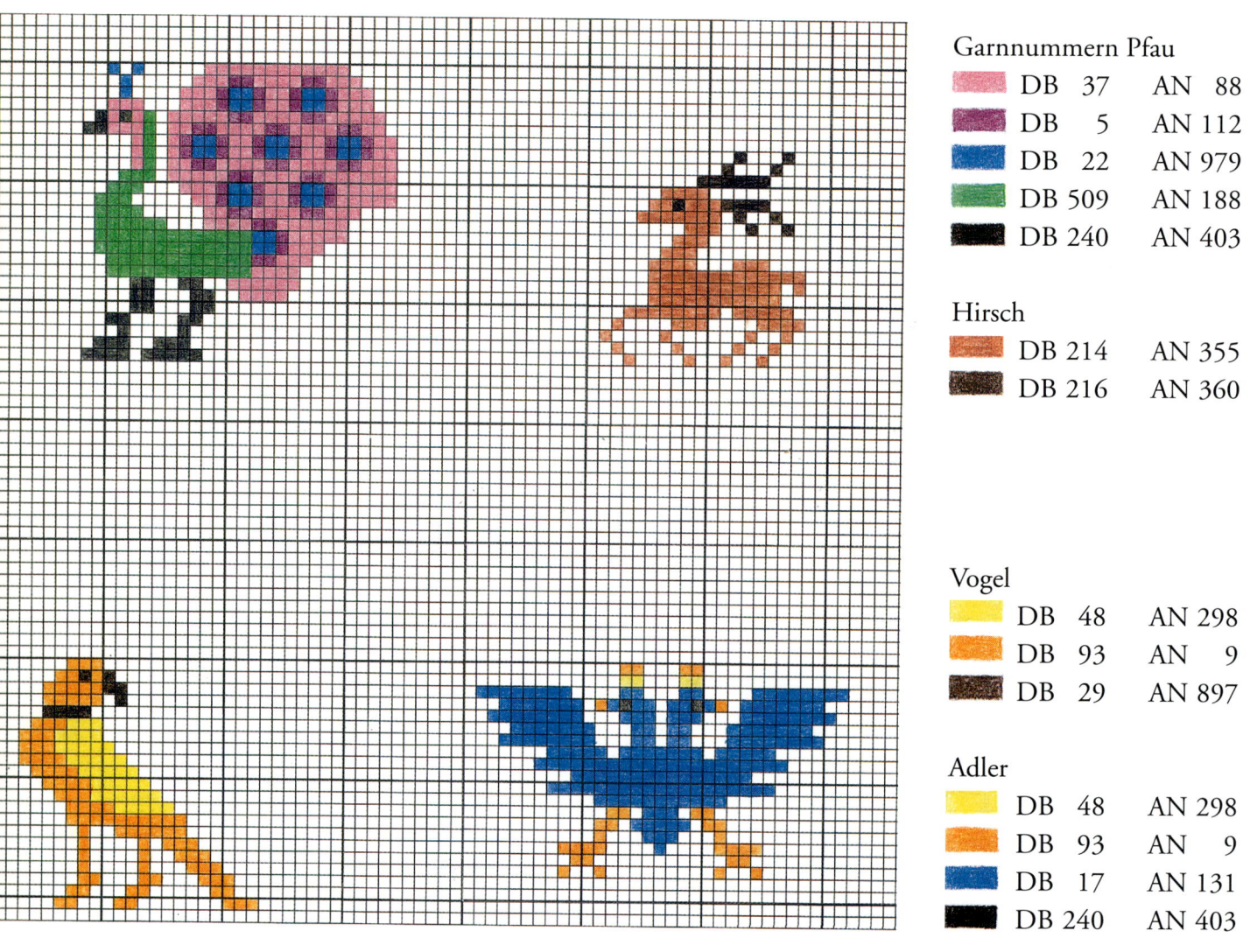

Garnnummern Pfau

	DB		AN	
	DB	37	AN	88
	DB	5	AN	112
	DB	22	AN	979
	DB	509	AN	188
	DB	240	AN	403

Hirsch

	DB	214	AN	355
	DB	216	AN	360

Vogel

	DB	48	AN	298
	DB	93	AN	9
	DB	29	AN	897

Adler

	DB	48	AN	298
	DB	93	AN	9
	DB	17	AN	131
	DB	240	AN	403

Geschenkanhänger

Die Katzenliebhaberin bekommt ein Kätzchen ans Geschenk gehängt, der Naturfreund einen Vogel oder einen Schmetterling. Oder Sie setzen aus klassischen Buchstaben das Monogramm des Beschenkten zusammen und sticken es mit goldfarbenem Garn. Die kleinen Stickereien bereiten nicht viel Mühe, aber sicher viel Freude.

Material
Passepartoutkärtchen
Leinen, weiß, mit zählbarer Struktur
Sticknadel mit Spitze (Stärke je nach Stoffdichte)
Garn nach Angabe

Arbeitszeit
Ca. 1 Stunde

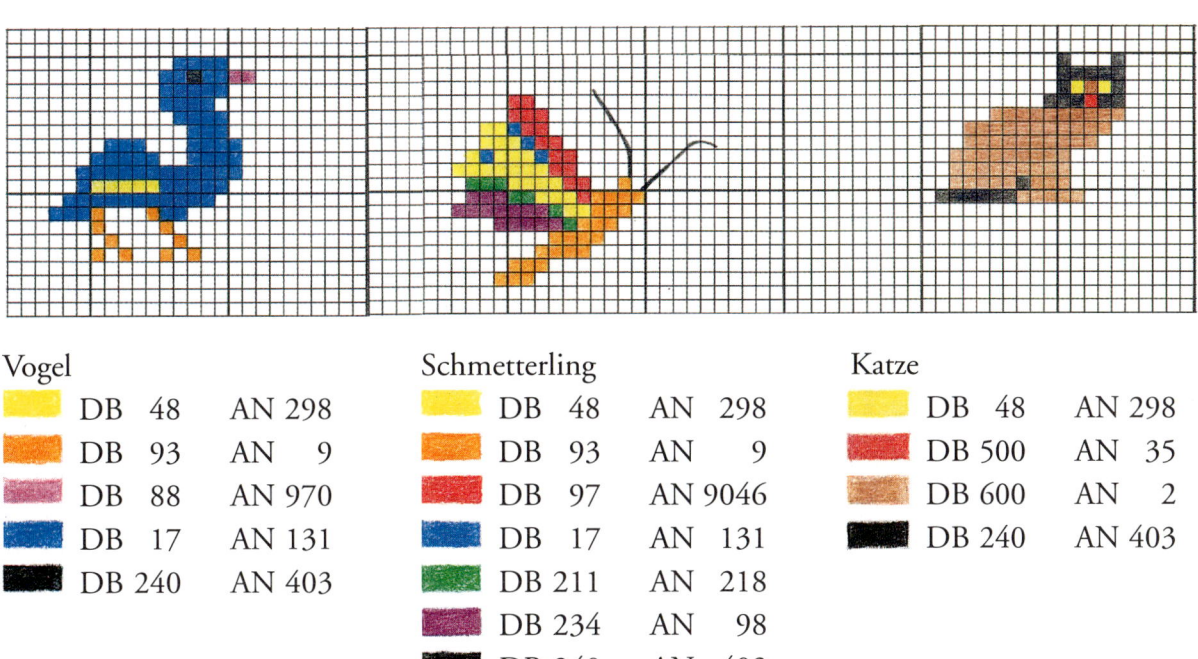

Vogel			Schmetterling			Katze		
▬	DB 48	AN 298	▬	DB 48	AN 298	▬	DB 48	AN 298
▬	DB 93	AN 9	▬	DB 93	AN 9	▬	DB 500	AN 35
▬	DB 88	AN 970	▬	DB 97	AN 9046	▬	DB 600	AN 2
▬	DB 17	AN 131	▬	DB 17	AN 131	▬	DB 240	AN 403
▬	DB 240	AN 403	▬	DB 211	AN 218			
			▬	DB 234	AN 98			
			▬	DB 240	AN 403			

Für den schön gedeckten Tisch

Gerade Tischwäsche läßt sich mit Kreuzstickereien
leicht und effektvoll verzieren.
Eine einfache Tischdecke oder
preiswerte Servietten bekommen
durch ein gesticktes Motiv Pfiff.

Tischdecke

Eine schlichte, weiße Tischdecke dient als Grund für dieses Blumenarrangement. Verwenden Sie zum Sticken Stramin, den Sie vor Beginn der Arbeit mit wenigen Heftstichen befestigen. Den Blumenkranz sticken Sie in die Mitte der Decke, das Vasenmotiv mindestens viermal an den Rand. Die Farbkombination soll lediglich als Anregung dienen. Wählen Sie Ihre Stickfarben passend zu Einrichtung oder Geschirr.

Material
Tischdecke
ca. 20 cm Stramin mittlerer Stärke
Sticknadel mit Spitze (Stärke entsprechend dem Stramin)
Garn nach Angabe
Pinzette

Arbeitszeit
Pro Einzelmotiv ca. 3 Stunden

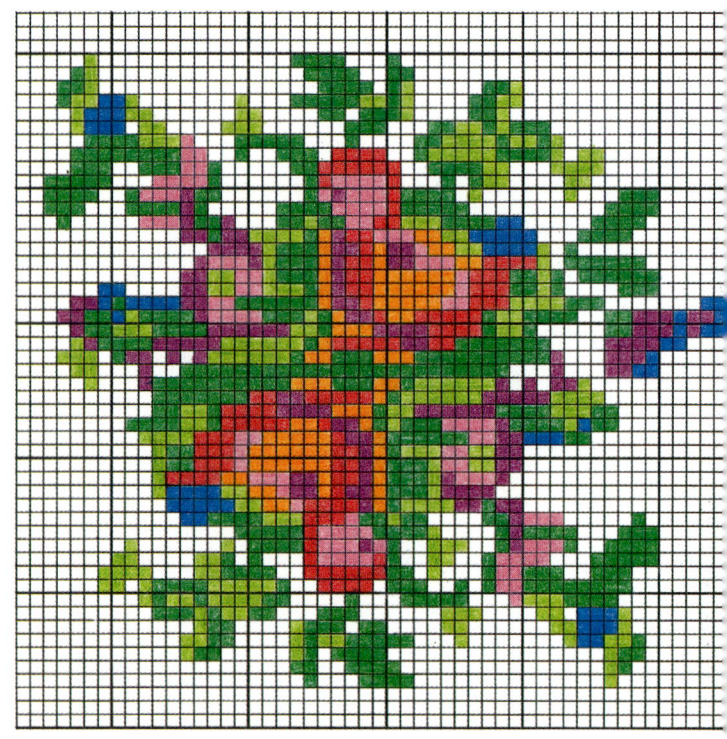

Garnnummern

🟧	DB 93	AN 9
🟥	DB 503	AN 970
🟩	DB 8	AN 209
🟩	DB 210	AN 218
🟦	DB 202	AN 123

🟪	DB 69	AN 50
🟪	DB 5	AN 112
🟫	DB 13	AN 339
🟧	DB 251	AN 358
🟫	DB 29	AN 897

26

Glasuntersetzer

Aus England stammt die Idee, alle möglichen Gebrauchsgegenstände mit Stickereien zu dekorieren: Briefbeschwerer, Tabletts, Sets aus Spiegel und Bürste – und eben auch Glasuntersetzer *(Framecraft)* zur Selbstmontage. Das Stickbild in der richtigen Größe wird auf den runden Karton geklebt, der dem Set beiliegt. Dann legt man es mit der Vorderseite zum Glas hin in die dafür vorgesehene Aussparung an der Unterseite des Glasuntersetzers und klebt die beigefügte, selbstklebende Filzfolie von hinten dagegen.

Material
Stickgrund Edinburgh (Zweigart & Sawitzki)
Glasuntersetzer (Framecraft)
Sticknadel mit Spitze
Garn nach Angabe

Arbeitszeit
Je Motiv 1 bis 1,5 Stunden

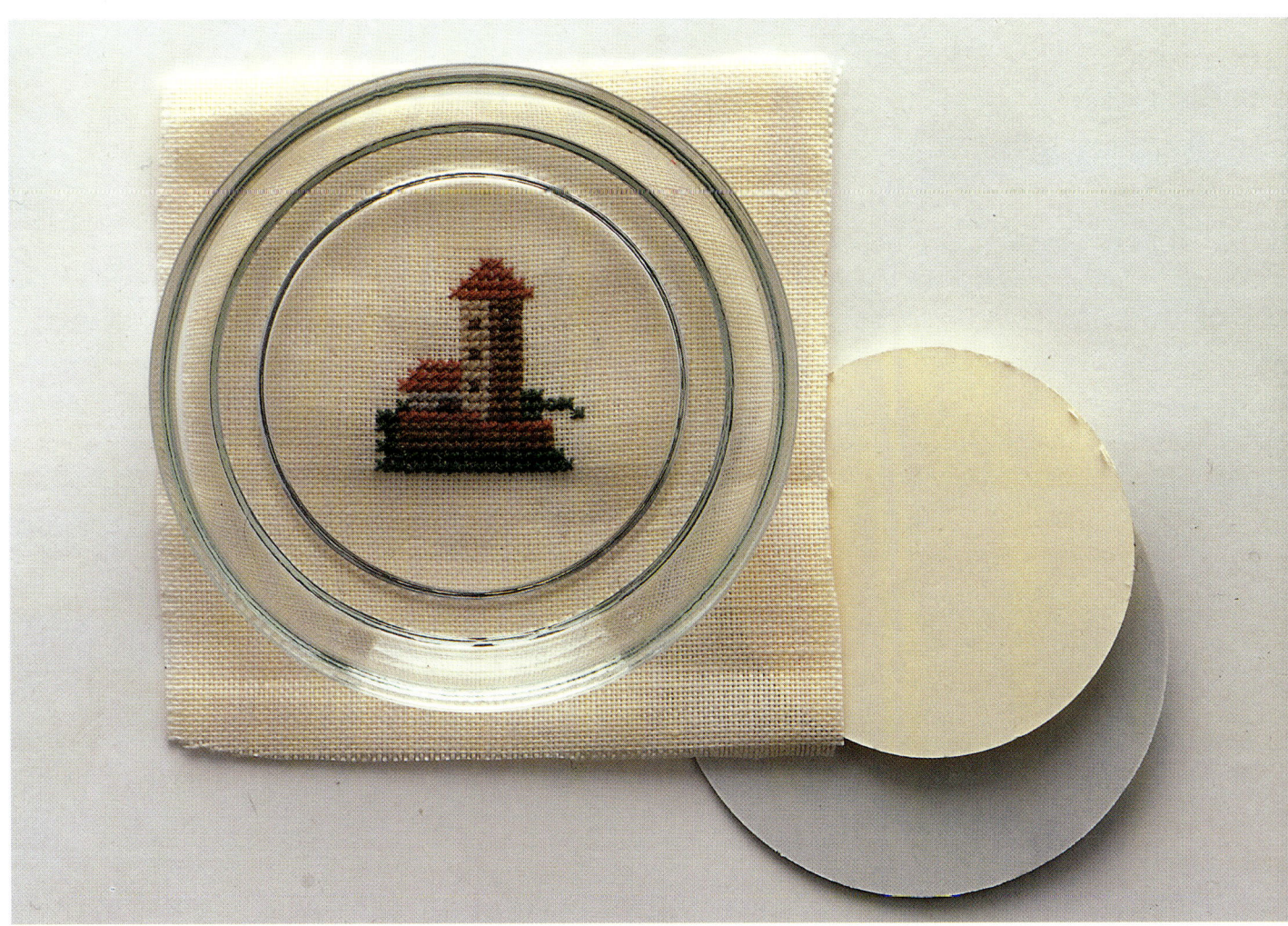

Garnnummern

	DB 600	AN 2
	DB 304	AN 145
	DB 48	AN 298
	DB 210	AN 218
	DB 213	AN 575
	DB 216	AN 360
	DB 93	AN 9
	DB 500	AN 35
	DB 240	AN 403
	DB 7	AN 390

Garnnummern

	DB 70	AN 235
	DB 251	AN 358
	DB 216	AN 360
	DB 14	AN 341
	DB 213	AN 575
	DB 210	AN 218
	DB 7	AN 390

Garnnummern

	DB 22	AN 979
	DB 213	AN 375
	DB 500	AN 35
	DB 216	AN 360
	DB 7	AN 390
	DB 8	AN 209

Garnnummern

	DB 213	AN 375
	DB 46	AN 306
	DB 500	AN 35
	DB 216	AN 360
	DB 40	AN 215
	DB 100	AN 244
	DB 211	AN 218

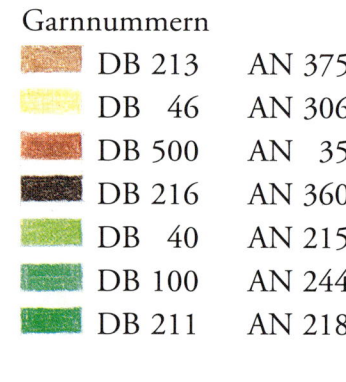

28

Kleidung
und Wäsche

An Kragen und Manschetten von Blusen,
auf Tüchern und Schals, aber auch auf
Accessoires wie Taschentüchern wirken
kleine Stickereien ganz reizend.

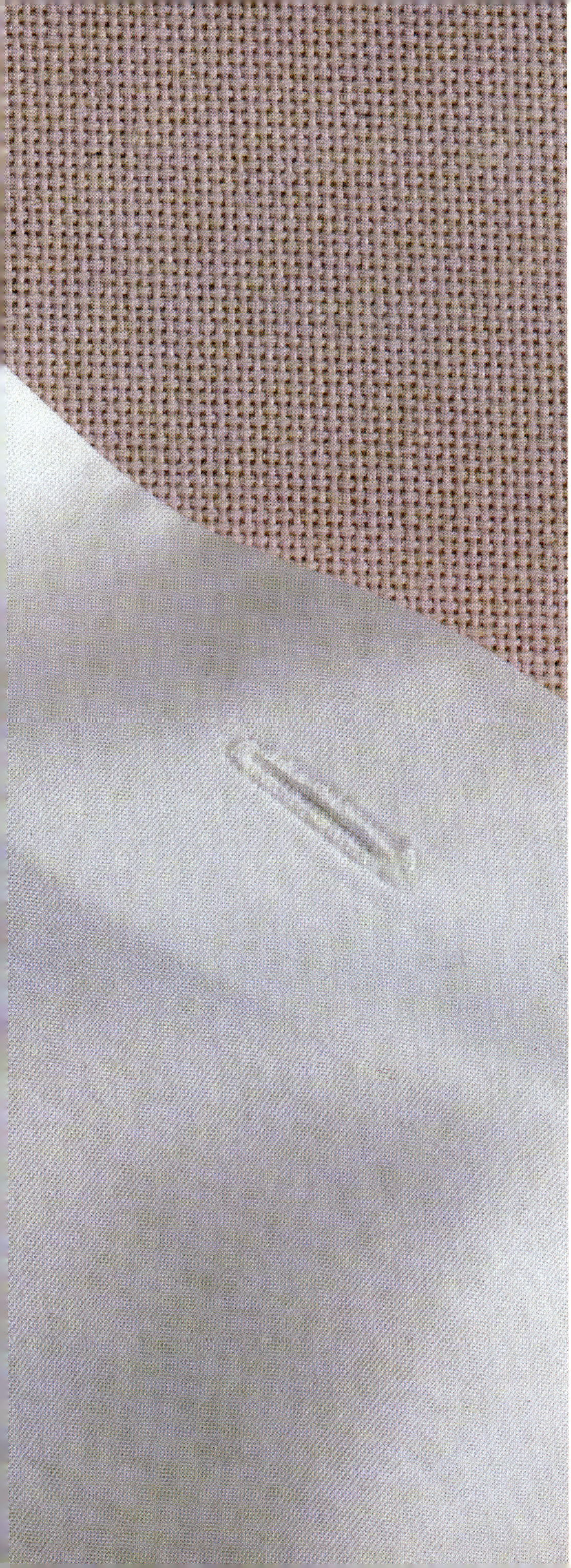

Bluse mit Rosenmotiv

Den Kragen der weißen Bluse habe ich mit einem entzückenden alten Rosenmotiv bestickt. Wer mag, kann die Rose aber auch auf beide Kragenenden, auf die Brusttasche, die Manschetten oder die Knopfleiste sticken.

Damit später keine häßlichen Löcher zu sehen sind, habe ich den feinen Stramin nicht aufgeheftet, sondern nur für die ersten Stiche gut festgehalten.

Material
Bluse
feiner Stramin
Sticknadel mit Spitze
Garn nach Angabe
Pinzette

Arbeitszeit
Ca. 1 Stunde

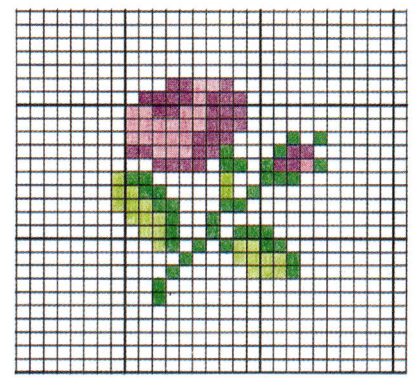 

Garnnummern

	DB	3	AN	75
	DB	37	AN	88
	DB	8	AN	209
	DB	210	AN	218

Bluse mit Motiv „Blumenbouquet"

Ein Blumenbouquet in Brusthöhe – eventuell auf einer Brusttasche – macht diese Bluse einzigartig. Beim Kauf der Bluse hatte ich großes Glück: Die Struktur des Gewebes ist ideal für eine Stickerei. So brauchte ich nicht einmal Stramin als Zählhilfe, sondern konnte direkt auf den Stoff sticken.

Wer ähnliches Glück beim Einkaufsbummel hat, stickt mit einer stumpfen Nadel auf das zählbare Gewebe. Für Blusen aus feinerem Stoff brauchen Sie feinen Stramin und eine dünne Sticknadel mit Spitze.

Material
Bluse
eventuell Stramin und Pinzette
Sticknadel (Stärke je nach Stoffstruktur)
Garn nach Angabe

Arbeitszeit
Ca. 4 Stunden (bei der Arbeit über Stramin
ca. 1 Stunde länger)

Garnnummern

⬜ gelb	DB 48	AN 298
⬜ rot	DB 500	AN 35
⬜ rosa	DB 3	AN 75
⬜ altrosa	DB 69	AN 50
⬜ beere	DB 232	AN 95
⬜ violett	DB 5	AN 112
⬜ hellblau	DB 22	AN 979
⬜ blau	DB 17	AN 131
⬜ hellgrün	DB 224	AN 208
⬜ grün	DB 210	AN 218

Die Stickerei ist eine Aufgabe für Fortgeschrittene, denn die Wildseide ist sehr schwer zu besticken. Wenn die Stickerei sehr dicht wird, müssen Sie sogar Ein- und Ausstich separat arbeiten.

Material
Dreiecktuch aus Wildseide mit Fransen
(aus der Seidenmalabteilung eines Hobby-geschäftes)
Stramin
Sticknadel mit Spitze
Garn nach Angabe
Pinzette

Arbeitszeit
Ca. 100 Stunden

Dirndltuch

Dieses Seidentuch im Trachtenstil ist ein absolutes Prachtstück und paßt in seiner Größe eigentlich nicht zu den kleinen Motiven. Aber als ich das Blumenbouquet in Gobelinstickerei bei einer Freundin an der Wand hängend entdeckte, war ich mir sicher, daß ich es Ihnen nicht vorenthalten durfte. Also habe ich danach ein seidenes Dirndltuch im Kreuzstich gearbeitet.

Um der aufwendigen Arbeit auch im Material gerecht zu werden, habe ich ein Tuch aus Wildseide gekauft und die Stickfäden aus Seide selbst eingefärbt. Glauben Sie mir: Der Aufwand hat sich gelohnt! Im Farbvorschlag habe ich aber entsprechende Farben käuflicher Garne angegeben.

Garnnummern

🟨	DB 31	AN	288
🟧	DB 53	AN	324
🟥	DB 504	AN	35
🟪	DB 97	AN	9046
🩷	DB 3	AN	75
🩷	DB 2	AN	40
🟪	DB 503	AN	970
🟦	DB 232	AN	95
🟦	DB 5	AN	112
🟦	DB 21	AN	121
🟦	DB 227	AN	976
⬛	DB 220	AN	1036
🟩	DB 40	AN	215
🟩	DB 10	AN	216
🟫	DB 216	AN	360

Herrenschal
mit Wappenlilie

Mit Hilfe von feinem Stramin habe ich auf
beide Enden eines naturweißen Wollschals
eine Wappenlilie gestickt. Der Schal wirkt
dadurch einfach und edel. Beim Entfernen der
Straminfäden sollten Sie jedoch ganz besondere Vorsicht walten lassen, da Wollstoffe sehr
leicht aufgeraut werden.

Material
Wollschal (Etikett entfernen)
feiner Stramin
Sticknadel mit Spitze
Garn nach Angabe
Pinzette

Arbeitszeit
Pro Motiv ca. 1/2 Stunde

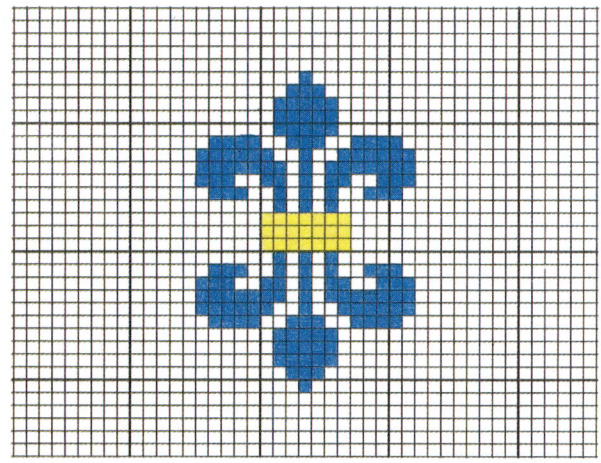

Garnnummern

🟨	DB 31	AN 288
🟦	DB 201	AN 150

Garnnummern Wäschezeichen

🟦	DB 202	AN 123
🟩	DB 224	AN 208
🟩	DB 211	AN 218
🟥	DB 69	AN 50
🟪	DB 234	AN 98

36

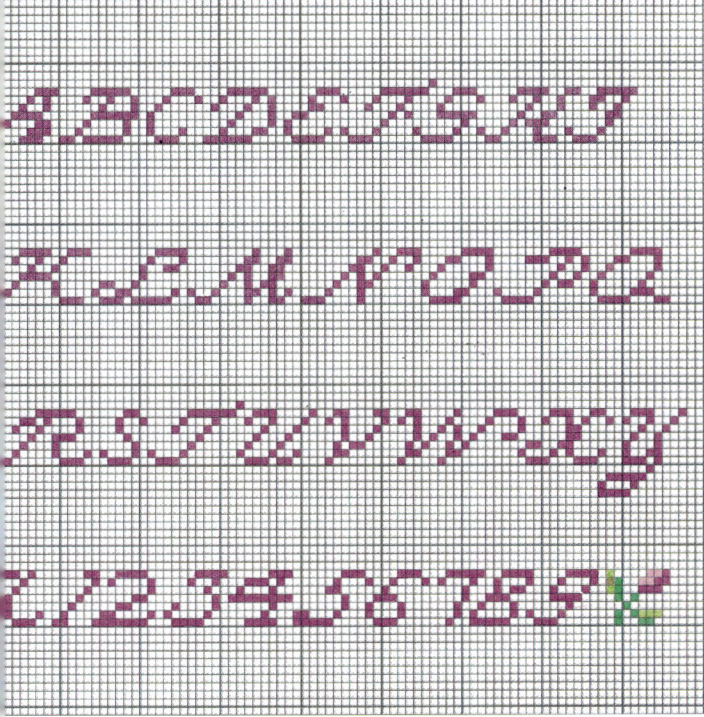

Wäschezeichen

Mit einem Alphabet aus dem Jahre 1833 können Sie ganz individuelle Wäschezeichen für sich und Ihre Familie gestalten. Mit solchen Zeichen sollten Sie auf jeden Fall Ihre selbst bestickten Kleidungsstücke versehen und die Herstelleretiketten entfernen. Sie wollen doch nicht andere mit Ihren Federn schmücken.

Material
Schmales Band mit Zählstruktur
Sticknadel ohne Spitze
Garn nach Angabe

Arbeitszeit
Pro Wäschezeichen ca. 20 Minuten

Spitzentaschentücher

Diese Taschentücher sind in jeder Hinsicht „Spitze": Durch die kleinen Stickmotive werden sie nicht nur bei den Verächtern der Papiertaschentücher Eindruck machen. Sie können die Motive aber auch auf Kleidungs- oder Wäschestücke sticken. Die Taschentücher mit Spitzenrand findet man für wenig Geld in großen Kaufhäusern.

Material
Taschentuch
feiner Stramin
Sticknadel mit Spitze
Garn nach Angabe
Pinzette

Arbeitszeit
Pro Motiv 1/2 bis 1 Stunde

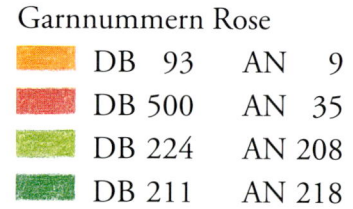

Garnnummern Rose

	DB 93	AN 9
	DB 500	AN 35
	DB 224	AN 208
	DB 211	AN 218

Garnnummern Prinz

■	DB 240	AN 403
■	DB 48	AN 298
■	DB 12	AN 8
■	DB 17	AN 131
■	DB 234	AN 98

Garnnummern Vogel

■	DB 48	AN 298
■	DB 95	AN 339
■	DB 216	AN 360

Garnnummern Große Blume

■	DB 411	AN 897
■	DB 210	AN 218

Garnnummern Kleine Blume

■	DB 37	AN 88
■	DB 234	AN 98
■	DB 211	AN 218

39

Bänder
und Borten

Zu den beliebtesten Stickmotiven gehören die Borten, beliebig lang fortsetzbare Muster, die sich sehr vielseitig einsetzen lassen.

Besonders praktisch sind Stickbänder in Leinen- oder Aida-Bindung, häufig mit dekorativen Webkanten. Sie sind problemlos zu besticken und können später auf Tischdecken oder Bettwäsche, Kleidung oder Handtücher genäht werden. So muß man sich nicht in große Unkosten stürzen, um sich oder anderen eine Freude zu bereiten. Außerdem ist das Sticken direkt auf einem größeren Wäschestück sehr unbequem. Ein Stück Band hingegen kann man jederzeit mitnehmen und Wartezeiten zum Sticken nützen.

Rechnen Sie zur gewünschten Länge des Bandes auf beiden Seiten noch einmal zwei Zentimeter für Umschlag oder Saum hinzu.

Beim Sticken gehe ich gern nach Farben vor: Ich sticke also zuerst die Blätter, nach Farben getrennt, dann erst alle Blüten. Man erreicht so bald Routine und wird wesentlich schneller fertig, als wenn man sich mühsam von Rapport zu Rapport arbeitet.

Schließlich versäubern Sie die Enden mit Zickzack-Stich und nähen sie um, bevor Sie das Band mit kleinen Stichen nahe der Webkante auf dem Wäschestück befestigen.

Blumen und Früchte

Die Blütenborten und die Granatapfelborte eignen sich als Tischbänder, für Bettwäsche oder Handtücher. Ich verwende dafür stets fertige Bänder, mit denen man ganz leicht schon vorhandene Wäschestücke verzieren kann. Die Borte auf der Nackenrolle (S. 43) habe ich wie einen Ring zusammengenäht und sie dann über den Bezug geschoben. So können Bezug und Borte getrennt gewaschen werden.

Material
Stickband
Sticknadel ohne Spitze
Garn nach Angabe

Arbeitszeit
Schmale Borte
pro Meter ca. 4 Stunden;
breite Borte
pro Meter ca. 20 Stunden

Garnnummern

▨	DB 9	AN 217
▨	DB 210	AN 218
▨	DB 503	AN 970
▨	DB 29	AN 897

Garnnummern

▥	DB 232	AN 95
▥	DB 233	AN 109
▥	DB 99	AN 206
▥	DB 210	AN 218

Garnnummern

▥	DB 27	AN 95
▥	DB 5	AN 112
▥	DB 210	AN 218
▥	DB 216	AN 360

Garnnummern

![pink]	DB 503	AN 970
![magenta]	DB 29	AN 897
![green]	DB 210	AN 218

Garnnummern

![blue]	DB 227	AN 978
![pink]	DB 37	AN 88
![lightgreen]	DB 10	AN 216
![green]	DB 210	AN 218

Lesezeichen

Die Lesezeichen werden auf die gleiche Weise gearbeitet wie die Grußkarten und die Geschenkanhänger (Seite 20 ff). Auch dafür gibt es vorgefertigte Passepartouts. Als Motiv eignen sich alle schmalen Borten. Achten Sie auf einen möglichst feinen Zählstoff, damit die Borten auch wirklich in den Passepartout-Ausschnitt passen. Am besten legen Sie den gewählten Stoff unter den Ausschnitt und zählen die darin sichtbaren Fäden. Dann können Sie leicht ausrechnen, ob das gewünschte Motiv paßt.

Material
Feines Leinen mit zählbarer Struktur
Sticknadel mit Spitze
Garn nach Angabe

Arbeitszeit
Ca. 2 bis 3 Stunden

Garnnummern

🟨	DB 48	AN 298
🟥	DB 500	AN 35
🟦	DB 202	AN 123
🟩	DB 210	AN 218

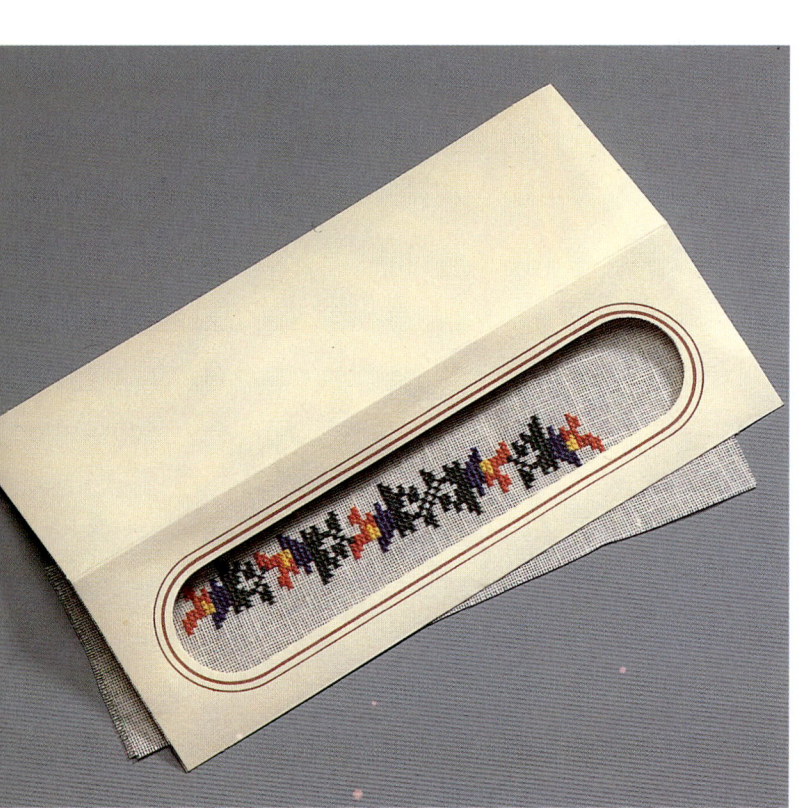

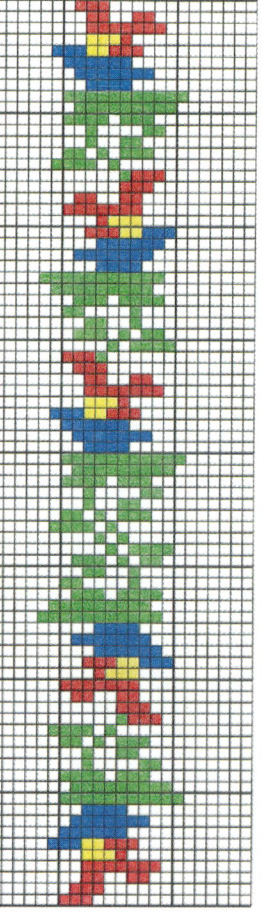

Geschirrtücher

Geschirrtücher mit handgestickter Borte sind wahre Schmuckstücke in der Küche. Wählen Sie das Stickband farblich passend zur den Tüchern aus und richten Sie sich mit den Stickfarben danach. Das einfache Muster ist sehr schnell nachgestickt, und das fertige Band wird mit zwei Nähten rasch auf dem Tuch befestigt. Solche Geschirrtücher sind willkommene Mitbringsel bei einer Essenseinladung.

Material
Geschirrtuch
Stickband, ca. 2 cm breit
Sticknadel ohne Spitze
Garn nach Angabe

Arbeitszeit
Pro Meter ca. 2,5 Stunden

Garnnummern

🟨	DB 48	AN 298
🟥	DB 95	AN 339
🟩	DB 238	AN 246

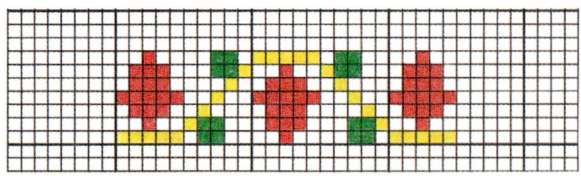

46

Weinschal

Mich ärgert es immer ungemein, wenn an meiner Festtafel zu Hause alles perfekt ist, nur um die gekühlte Weinflasche lege ich, in Ermangelung etwas Edleren, sehr lieblos ein altes Küchentuch oder eine abgenutzte Serviette. Ein Weinschal, der um Flasche oder Weinkühler gelegt werden kann, ist originell und praktisch.

Wählen Sie einen hellen Stoff, den Sie rundum säumen. An den Schmalseiten fixieren Sie die Borte mit jeweils zwei Nähten.

Garnnummern

▇	DB 40	AN 215
▇	DB 238	AN 246

Material
Heller Stoff nach Wahl, ca. 50 x 90 cm
120 cm Stickband, ca. 2 cm breit
Sticknadel ohne Spitze
Garn nach Angabe

Arbeitszeit
Pro Meter ca. 2,5 Stunden

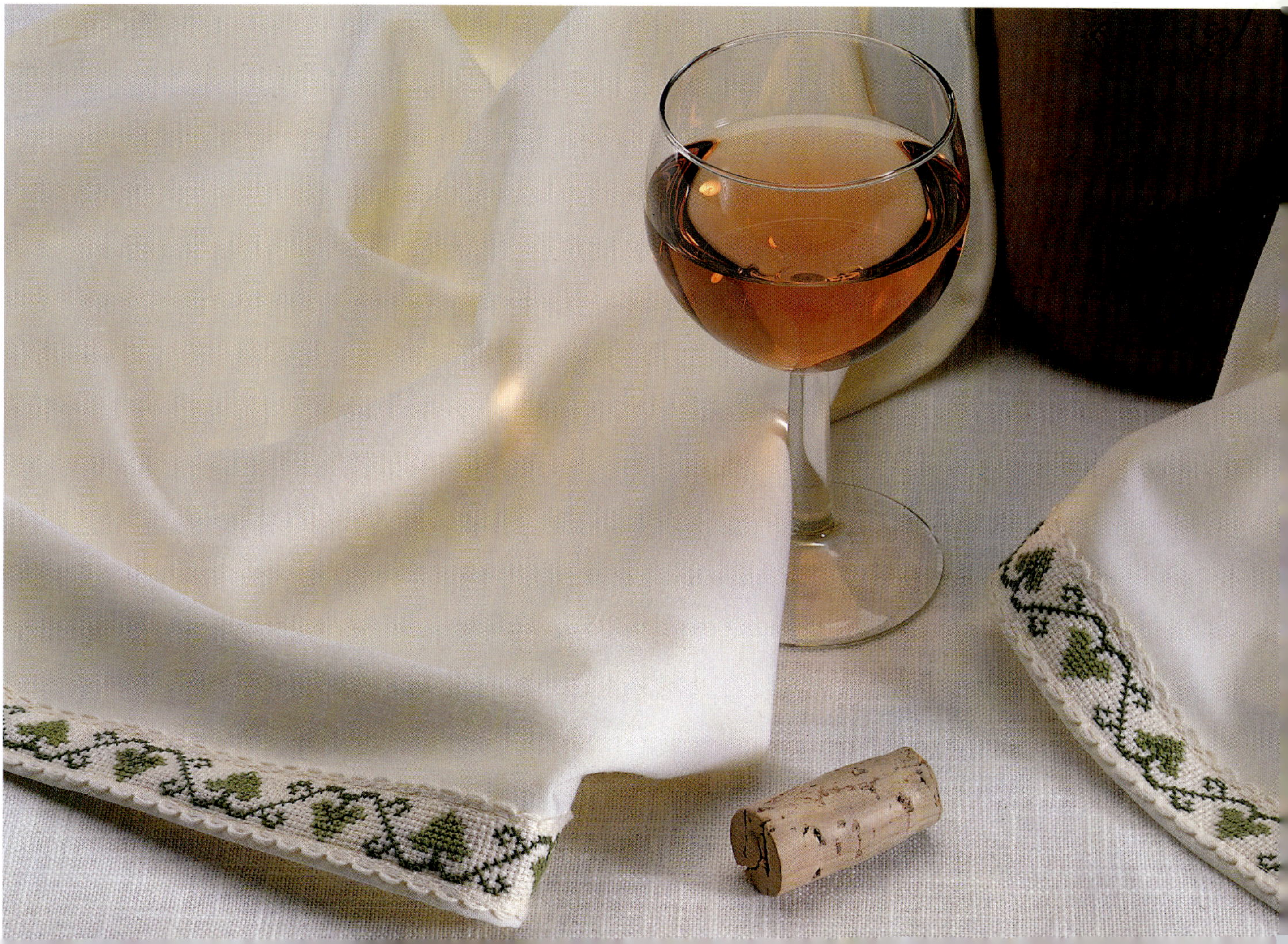

Bezugsquellen

Zählstoffe, Nadeln und Garne erhalten Sie in allen Handarbeitsfachgeschäften. Die Hersteller nennen Ihnen gerne Händler in Ihrer Nähe, wenn Sie Ihrer Anfrage einen frankierten Rückumschlag beilegen.

Anchor-Garn:
Coats Mez GmbH
Kaiserstraße 1
79341 Kenzingen

Briefbeschwerer, Grußkarten etc.:
Framecraft Deutschland
Hannelore Kopp
Bayerischer Platz 7
10779 Berlin

Das Werk einschließlich aller seiner Teile ist urheberrechtlich geschützt. Jede Verwertung außerhalb des Urhebergesetzes ist ohne Zustimmung des Verlages unzulässig und strafbar. Das gilt insbesondere für Vervielfältigungen, Übersetzungen, Mikroverfilmungen und die Einspeicherung und Verarbeitung in elektronischen Systemen.

Es ist deshalb nicht gestattet, Abbildungen dieses Buches zu scannen, in PCs oder auf CDs zu speichern oder in PCs/Computern zu verändern oder einzeln oder zusammen mit anderen Bildvorlagen zu manipulieren, es sei denn mit schriftlicher Genehmigung des Verlages.

Die im Buch veröffentlichten Ratschläge wurden von Verfasserin und Verlag sorgfältig erarbeitet und geprüft. Eine Garantie kann dennoch nicht übernommen werden, ebenso ist eine Haftung der Verfasserin bzw. des Verlages und seiner Beauftragten für Personen-, Sach- und Vermögensschäden ausgeschlossen.

Jede gewerbliche Nutzung der Arbeiten und Entwürfe ist nur mit Genehmigung von Verfasserin und Verlag gestattet.

Bei der Anwendung im Unterricht und in Kursen ist auf dieses Buch hinzuweisen.

Die Deutsche Bibliothek – CIP-Einheitsaufnahme
Kreuzstich – Kleine Motive nach alten Vorlagen:
Glückwunschkarten und Geschenke; Farbige Zählvorlagen/Nicole Esther Liwon. – Augsburg: Augustus Verl., 1996
ISBN 3-8043-0340-4

Fotografie: Klaus Lipa, Augsburg
Lektorat: Helene Weinold
Umschlaggestaltung: Christa Manner, München
Layout: Anton Walter, Gundelfingen
AUGUSTUS VERLAG AUGSBURG 1996
© Weltbild Verlag GmbH, Augsburg
Satz: Gesetzt aus 12 Punkt Adobe Garamond in Quark-X-Press von
Walter Werbegrafik, Gundelfingen
Reproduktion: Color Line, I-Verona
Druck und Bindung: Himmer, Augsburg
Gedruckt auf 120 g umweltfreundlich elementar chlorfrei gebleichtes Papier.
ISBN 3-8043-0340-4
Printed in Germany